PAUL BLANC.

L'INSURRECTION

EN

 ALGÉRIE

ALGER

IMPRIMERIE DE L'AKHBAR, JULES BREUCQ, GÉRANT.

Rue des Trois-Couleurs, 19.

1864.

A L'ARMÉE D'AFRIQUE

Qu'il nous soit permis de lui dédier ces quelques pages.

Nous admirons profondément sa bravoure, son énergie et sa persévérance ; nous savons qu'elle est toujours prête, et qu'elle ne faillit jamais aux jours du péril.

Aussi avons-nous le devoir de chercher à épargner ce sang précieux qu'elle ne craint pas de prodiguer pour la France et dont nous sommes en droit de nous montrer avares.

Voilà qui peut suffire à expliquer ce petit ouvrage.

FABLE

LE LOUP ET L'AGNEAU

...Mais nous-mêmes, les conquérants, qui avons si souvent jeté la pierre à ces malheureux indigènes, à propos de loyauté et de bonne foi, je ne sais si nous en avons complètement le droit ; je connais quelques faits de notre part qui sont loin d'être irréprochables. Il y a surtout ce que, dans certain état-major de l'armée d'Afrique, on a appelé *la razzia de pied ferme*. Voici en quoi elle consiste :

Une colonne, commandée, je suppose, par un colonel qui voudrait bien devenir général, vient de faire une excursion dans le pays ; les ordres de l'autorité ont été exécutés, toutes les causes d'inquiétudes, de troubles ont disparu devant nos troupes ; il est impossible d'espérer une affaire de vigueur. On va donc être obligé de ramener la colonne dans ses cantonnements ; les troupes vont se séparer, le chef militaire regagner sa garnison. Pour lui, c'est une occasion perdue ; il se demande avec déplaisir quand et comment elle pourra renaître. L'entourage du colonel, les officiers ambitieux et remuants des corps de troupes, sont également peinés et fort mal disposés. Dans ces circonstances, le Commandant en chef de la petite armée fait mander les principaux personnages des tribus sur lesquelles il est campé ; il les rudoie quelque peu et cherche des prétextes de remontrance (toujours par voie d'interprète).

— J'ai appris que vous n'étiez pas très soumis ; vous avez laissé passer des révoltés chez vous lors de la dernière insurrection, et, certainement, vous étiez un peu de connivence.

— Mais, seigneur, point du tout : nous avons, au contraire garni nos positions, empêché les fuyards de passer chez nous ; nous leur avons même pris du bétail. Renseigne-toi, tu verras que nous nous sommes montrés fidèles serviteurs.

— Ah bah ! je n'en crois rien ! Et vos impôts, les avez-vous payés ?...

— Seigneur, nous ne les payons chaque année qu'à la notification du bureau arabe ; il serait même gênant pour vos comptes, nous a-t-on dit, d'acquitter avant, mais nous sommes tout prêts.

— Je remarque que vous ne m'avez pas bien reçu, ni moi, ni ma colonne ; vous vous moquez de nous, mais prenez garde, vous pourriez le payer cher.

Là-dessus, protestations de plus en plus vives de la part des indigènes, qui finissent quelquefois par dire quelque chose de désagréable, tel que ceci par exemple :

— Seigneur, tu écoutes les mensonges de quelques juifs menteurs, mais on ne te dit que des choses fausses. C'est le moment que semble attendre le chef impatienté : « Vous voyez bien, s'écrie-t-il, que vous manquez au respect qui m'est dû, je sais mieux que personne qui je dois écouter, vous êtes des insolents, vous serez punis. » Et aussitôt le signal est donné.

Un escadron à cheval au plus vite, des bataillons armés mais sans bagages, ont ordre de parcourir les environs et de saisir les troupeaux. Dans la bagarre, il n'est pas rare de voir un berger ou un maître de bestiaux céder à l'irritation et faire feu sur les capteurs ; alors le colonel triomphe. « Je savais bien, dit-il, cette fois, que j'avais affaire à une mauvaise population qui a besoin d'être menée rudement. » Et, heureux du coup de fusil accidentel, il ordonne une opération en grand qui amène encore quelques détonations, des prises copieuses, et surtout le thème d'un bulletin. C'est là ce qu'on oppelle *la razzia de pied ferme*, ce n'est pas autre chose que la mise en action de la fable du *Loup et de l'Agneau*, cet apologue qu'on nous enseigne dès le plus jeune âge et que nous n'oublions jamais.

Il ne serait pas juste de dire cependant que des chefs commettent des actions semblables avec préméditation, pour mon compte, je n'ai jamais osé le croire.

Mais enfin, les dispositions personnelles, les circonstances locales et d'entourage, la maladresse des indigènes trop confiants dans leurs droits, et je ne sais quoi encore aidant, il est arrivé quelquefois, et cela presque sous mes yeux, que des populations qui ne méritaient aucune punition et sur lesquelles il n'y avait aucun projet de châtiment, recevaient une rude leçon amenée à peu près comme je l'ai indiqué.

Ces vexations iniques tendent heureusement à disparaître, et avec elles les besoins de vengeance qu'elles font naître chez nos nouveaux sujets.

L'indigène ne trouve généralement pas les punitions trop fortes, toutes les fois qu'il y a réellement un délit commis. Dans ce cas même, la nature de son esprit le porte à approuver une certaine exagération de rigueur dans le châtiment infligé. Mais à la suite d'abus semblables à ceux que je viens de rappeler, des haines sourdes et vigoureuses prennent naissance, et, longtemps comprimées, elles éclatent à l'occasion par des assassinats et des atrocités que nous ne savons alors expliquer qu'en nous rejetant sur le naturel barbare des Africains.

F. Hugonnet,
Ancien officier des bureaux arabes. (1)

(1) Souvenirs d'un chef de bureau arabe, par F. Hugonnet, 235 à 240, Paris Michel Lévy, 1858.

DOCUMENTS A CONSULTER

AVERTISSEMENT.

« Vu l'article publié par le journal l'*Echo d'Oran*, dans son numéro du jeudi, 14 avril courant, sous le titre : *Un soulèvement qui arrive à propos*, commençant par ces mots : « Inconsolable d'avoir vu repousser, » et finissant par ceux ci : « dont il se dit également et à satiété le défenseur. »

« Attendu que, dans cet article, en insinuant que l'événement du Sud était annoncé depuis deux mois, l'*Echo d'Oran* fait peser sur l'autorité militaire un soupçon injuste.

« Vu les instructions de S. Exc. le Gouverneur général, en date du 18 courant,

« ARRÊTONS :

« Article premier. — Un premier avertissement est donné à l'*Echo d'Oran*. »

AVERTISSEMENT.

« Vu l'article publié par le journal le *Courrier d'Oran*, dans son numéro du lundi, 11 avril courant, sous le titre : *Soulèvement du Sud*, commençant par ces mots : « N'est-ce pas l'*Echo d'Oran*, » et finissant par ceux-ci : « Leur dessille enfin les yeux. »

« Attendu que, dans cet article, en exagérant l'étendue du mal, et en attribuant à l'insurrection des Ouled Sidi Chikh le caractère de guerre sainte, le *Courrier d'Oran* s'est efforcé de répandre l'inquiétude dans les esprits, et que, d'un autre côté, cet article était de nature à faire naître des espérances chimériques.

« Vu les instructions de S. Exc. le Gouverneur général, en date du 17 courant,

« ARRÊTONS :

« Article premier. — Un premier avertissement est donné au *Courrier d'Oran.* »

AVERTISSEMENT.

Nous, préfet du département de Constantine, officier de l'ordre impérial de la Légion-d'Honneur,

« Vu les décrets du 17 février 1852 et du 14 mars 1855 sur le régime de la presse en Algérie ;

« Vu l'article publié par le journal l'*Indépendant*, écho de Constantine, dans son numéro de vendredi, 8 avril dernier, sur l'affaire du Bordj de Zeraïa, en Kabylie, commençant par ces mots : « Nous avons été surpris, » et finissant par ceux-ci : « Nous avons reçu, sur cette affaire, des détails très circonstanciés. Mais la parole doit être laissée d'abord à notre maître, le *Moniteur de l'Algérie* ; »

« Vu l'article publié par le même journal, dans son numéro du vendredi, 15 avril, à la suite de la reproduction d'une relation empruntée au *Mobacher* du 17 avril, article commençant par ces mots : « Ce récit est bien incomplet, » et finissant par ceux-ci : « Ces détails intéressants seront donnés sans doute par le *Moniteur de l'Algérie* ; »

« Considérant qu'appelé à s'expliquer devant M. le Procureur impérial à Constantine, le gérant du journal a refusé de le faire, et, par conséquent, de justifier sa double assertion, qu'il avait « *reçu des détails très circonstanciés ;* » que le récit du *Mobacher* était « *bien incomplet ;* »

« Attendu que, par ce refus, le gérant a prouvé qu'il avait agi tout au moins avec beaucoup de légèreté ; ses insinuations avaient sans doute pour but et ne pouvaient avoir pour résultat que de semer et d'entretenir l'inquiétude dans les esprits, en donnant à entendre que les faits avaient une cause et une portée tout autres que celles indiquées dans la relation du *Mobacher*, organe officiel ;

« Vu les instructions de S. Exc. M. le Maréchal Gouverneur général de l'Algérie, en date du 2 mai courant.

ARRÉTONS :

« Art. 1er. — Un premier avertissement est donné au journal l'*Indépendant* dans la personne du sieur A. Chouillet, gérant du journal et signataire de l'article.

« Art. 2. — Le Commissaire chef du service de la police est chargé de l'exécution du présent arrêté.

« Constantine, le 5 mai 1864. »

Le Préfet,
LAPAINE.

Pour ampliation :
Le Secrétaire général,
MANGOIN.

TRIBUNAL CORRECTIONNEL D'ALGER.

—

PRÉSIDENCE DE M. GANDILLOT, VICE-PRÉSIDENT.

—

Le Ministère public contre le *Courrier de l'Algérie.*

Jugement.

« Le tribunal, ouï, etc.

« Sur le troisième chef de prévention :

« — Considérant, en droit, que, d'après les articles 4 et 5 de la loi du 26 mai 1819 : « Dans le cas de diffamation ou d'injure contre tout dépositaire ou agent de l'autorité publique ou contre tout particulier la poursuite n'aura lieu que sur la plainte de la partie qui se prétendra lésée ; »

« — Considérant, en fait, qu'il n'est justifié d'aucune plainte émanée d'anciens fonctionnaires publics et concernant le délit de diffamation et d'outrage qui aurait été commis envers eux, à raison de leurs fonctions ;

« Que c'est le cas dès-lors, de relaxer le sieur Molot, relativement à ce troisième chef.

« Sur le premier chef de prévention :

« — Considérant, en droit, que, suivant l'article 13 de la loi du 17 mai 1819 « Toute imputation ou allégation d'un fait qui porte atteinte à l'honneur ou à la considération de la personne ou du corps auquel le fait est imputé est une diffamation ; »

« — Considérant, en fait, que, si l'action du ministère public touchant ce premier chef, a été régulièrement provoquée par une plainte de S. Exc. le Maréchal duc de Malakoff, Gouverneur général de l'Algérie, il n'appert point des termes de l'article poursuivi qu'aucun fait déterminé ait été reproché , soit à ce haut dignitaire, soit aux autorités, aux administrations ou fonctionnaires publics qui relèvent de lui ;

« Que, dans cet article, sans doute, on se livre à une supposition outrageante pour un autre Gouverneur général ; mais que cette supposition même, loin de blesser le Gouverneur général actuel, tendrait à rehausser par le contraste le caractère indépendant, la sagacité personnelle et la conduite pleine de fermeté de M. le duc de Malakoff ;

« Que, dans cet article encore, on signale une influence qui s'exerce à tromper le pouvoir, qui cherche à souffler le feu, qui a besoin d'être contenue ; mais que cette insinuation n'offre rien d'assez précis, soit quant au fait condamnable qui en est l'objet, soit quant aux auteurs mêmes de ce fait, pour constituer la diffamation légale et qu'il y a lieu encore de relaxer le sieur Molot quant à ce premier chef.

« Sur le 2ᵉ chef de prévention :

« Considérant, en droit, que l'art. 7 du décret du 11 août 1848, déclare punissable des peines portées en l'article 6 dudit décret : « Quiconque, par l'un des moyens énoncés en l'article 1ᵉʳ de la loi du 17 mai 1819, aura cherché à troubler la paix publique en excitant le mépris ou la haine des citoyens les uns contre les autres ; »

« Considérant, en fait, que le passage relevé sous ce deuxième chef porte expressément : « Sous un autre Gouverneur général, nous verrions bientôt se développer une belle insurrection suivie d'une belle campagne dans le Sud. »

« Que le même texte ajoute : « Mais le Maréchal Pélissier ne veut pas qu'on se batte ; sous son gouvernement, la poudre ne parlera point par ordre. »

« Et que ce texte conclut ainsi : « Il n'est pas facile à tromper et il saura contenir tout le monde. — Il faut lire comme symptôme, un article du *Courrier d'Oran*, sous ce titre : l'*Insurrection du Sud*. On y verra que le Sud est en feu, « de la Tunisie au Maroc. » Que le *Courrier d'Oran* se rassure : on aura beau souffler dessus, ce feu-là ne prendra pas. A qui de droit nos compliments de condoléance. »

« Que la première de ces trois propositions présente ceux qui se battent, c'est-à-dire l'armée et ses chefs comme des fauteurs d'insurrection en vue de déterminer une prise d'armes et une campagne dans le Sud ;

« Que la seconde montre M. le Maréchal Gouverneur général de l'Algérie comme animé d'un esprit contraire à la pensée de ceux qui veulent qu'on se batte, de ceux qui font parler la poudre, c'est-à-dire encore de l'armée ;

« Que la troisième, à son tour, résumant la pensée de l'auteur, met davantage en évidence l'antagonisme qui ressortirait de la situation respective de la population et de l'armée, de leurs vues et de leurs tendances contraires, puis, rassurant les esprits sur les effets d'une conflagration qui menace d'être générale, désigne encore M. le Maréchal Pélissier comme un obstacle pour les uns, une égide pour les autres ;

« Et que, en résultat, l'article présentement déféré au tribunal tend à exciter la population contre l'armée, en même temps qu'elle prête à M. le Gouverneur général de l'Algérie des dispositions opposées à celles des troupes dont il est le chef ;

« Considérant enfin que le sieur Molot, en se reconnaissant le rédacteur dudit article, se retranche inutilement derrière ses intentions tout inoffensives ; car, s'il n'a pas été mu par l'idée première de troubler la paix publique, d'exciter les citoyens les uns contre les autres ; s'il a voulu, avant tout, fixer l'attention de ses lecteurs, accréditer son journal en donnant librement aux écarts du style et de la pensée, il n'a pu se faire aucune illusion sur l'effet ultérieur de sa propagande et de ses doctrines ;

« Et que la justice, en matière semblable, ne saurait laisser fléchir ses règles sous les efforts d'une défense habile, sans compromettre, dans l'intérêt tout personnel d'un écrivain téméraire, les grands intérêts généraux qui se fondent sur le concours sympathique de tous les esprits et la paix des nations.

« Par ces motifs :

« Faisant droit, sur le troisième chef de prévention, à l'exception proposée par le sieur Alfred Molot. — Déclare non recevable, en l'état, faute de plainte, l'action dirigée contre celui-ci pour diffamation et outrage public contre d'anciens fonctionnaires publics à raison de leurs fonctions.

« Et le renvoie en conséquence des fins des poursuites relatives à ce chef.

« Accueillant pareillement les moyens de défense présentés sur le premier chef, acquitte le même prévenu à cet égard.

« Statuant enfin sur le second chef.

« Déclare le sieur Molot Alfred coupable de délit d'excitation au mépris ou à la haine des citoyens les uns contre les autres, et ce dans un article signé de lui, dont il s'est reconnu l'auteur ; ledit article commençant par ces mots : « Les troubles du Sud sont décidément peu de choses ; » puis finissant par ces autres mots : « A qui de droit nos compliments de condoléance ; » et inséré dans le journal le *Courrier de l'Algérie*, numéro du 17 avril 1864 ;

« Et, par application des articles 7 et 6 du décret du 11 août 1848, combinés avec l'article 1er de la loi du 17 mai 1819, dont lecture a été donnée par le président ; et qui sont ainsi conçus :

« — Art. 7 du décret du 11 août : « Quiconque, par des moyens énoncés en l'art. 1er de la loi du 17 mai 1819, aura cherché à troubler la paix publique en excitant le mépris ou la haine des citoyens les uns contre les autres, sera puni des peines portées en l'article précédent. »

« — Art. 6 du même décret : « Seront punis d'un emprisonnement de 15 jours à 2 ans, et d'une amende de 100 fr. à 4,000 fr. »

« Loi du 17 mai 1819.

« Art. 1er. — Quiconque, soit par des discours, des cris ou menaces proférés dans des lieux ou réunions publics, soit par des écrits, des imprimés, des dessins, des gravures, des peintures ou emblêmes vendus ou distribués, mis en vente ou exposés dans des lieux ou réunions publics, soit par des placards et affiches exposés aux regards du public, aura provoqué l'auteur ou les auteurs de toute action qualifiée, crime ou délit à la commettre, sera réputé complice et puni comme tel.

« Condamne ledit sieur Molot en 15 jours d'emprisonnement et 100 fr. d'amende.

« Le condamne, en outre, aux frais envers l'Etat liquidés à...

COMMUNIQUÉ.

« Tandis que les généraux et soldats de l'armée d'Afrique, au prix des plus rudes fatigues et de leur sang, répriment une odieuse insurrection, dont leur habileté et leur courage auront bientôt triomphé, il semble peu opportun et surtout peu patriotique, de continuer un système de récriminations injustes et cent fois réfutées, ou de se livrer à des théories plus ou moins hasardées sur l'organisation du gouvernement des Arabes.

« Ces récriminations sont incompatibles avec les sympathies et les encouragements que la population coloniale doit à cette brave armée, qui se sacrifie pour elle au moindre danger qui la menace ; ces théories troublent les esprits, soulèvent le doute et propagent la défiance, au moment même où le principe de la civilisation, aux prises avec le fanatisme et la barbarie, a besoin de concentrer ses forces par l'union de toutes les volontés et de toutes les énergies, par l'ajournement de toutes les dissidences.

« Ainsi l'a compris un des organes de la presse algérienne, qui annonçait naguère sa résolution de s'abstenir, pendant la lutte armée, de toute polémique sur des questions qu'il reconnaissait loyalement ne pouvoir être traitées sans danger, qu'au milieu du calme de la paix, et il a tenu parole.

« Il est à regretter que l'*Akhbar*, qui a la prétention d'être un journal ami des convenances et de la modération, n'ait pas cru devoir imiter un si bon exemple. Il n'est pas un de ses numéros, depuis quelque temps, qui ne contienne une allusion blessante contre une portion de l'administration active de ce pays ; où l'on ne revienne sur ce thème, banal et désormais usé, des exactions des chefs indigènes, commises sous les yeux et avec la complicité morale de l'autorité militaire ; où l'on ne demande qu'il soit fait table rase du régime actuel (article de M. de Prébois, dans le n° du 26 mai) ; où l'on ne dénonce enfin l'existence, au sein même du gouvernement, d'un parti *arabophile* qui se serait proposé de perpétuer la barbarie en haine de la colonisation.

« Quel peut être le but de cette polémique irritante ?

« Dans son numéro du 27 mai, l'*Akhbar* demandait qu'un sénateur fût envoyé en Algérie avec « · mission d'étudier les causes vraies de la lutte entamée. » — Dans le suivant (29 mai), il semble repousser d'avance le choix d'un maréchal de France pour le Gouvernement général de l'Algérie. « La « France, dit-il, est malheureusement plus riche en hommes « de guerre qu'en organisateurs. » Il témoigne la crainte que l'Empereur qui « n'a pas toujours été bien instruit de tout ce « qui concerne notre belle colonie, » ne remplace pas le duc de Malakoff « comme le demande le bien du pays. »

« Tenir, en ce moment, un pareil langage, se livrer à de pareilles insinuations, n'est-ce pas, tout à la fois, avec aussi peu de justice que de respect, nier dans le passé l'œuvre de nos plus illustres gouverneurs généraux, qui tous ont porté l'épée, et mettre en suspicion la loyauté de la haute administration de la colonie, et la sagesse du souverain ?

« Il est temps que l'*Akhbar* renonce à une polémique au moins intempestive, dont le moindre tort est de perpétuer des discussions stériles. On pourrait la laisser s'épuiser ainsi dans le vide, si elle n'avait le grave inconvénient d'entretenir des préventions mal fondées, des craintes chimériques et de nuire aux intérêts de la colonisation en ébranlant la confiance des colons dans l'autorité appelée à les défendre et à les protéger.

« En invitant la rédaction de l'*Akhbar* à sortir de la mauvaise voie où elle est entrée, sous peine d'une immédiate et sévère répression, l'administration se montre fidèle aux principes et aux traditions de l'illustre Maréchal, dont le journal lui-même a proclamé, en fort bons termes, les qualités éminentes et libérales. Tout en laissant à la presse la plus grande

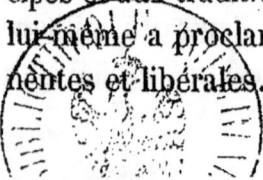

latitude pour la discussion de ses propres actes, le Maréchal n'a jamais hésité à lui signaler le danger de certaines théories et à réprimer ses écarts au besoin. L'autorité a le droit de penser qu'il sera tenu compte de cet avis. »

COMMUNIQUÉ.

Alger, le 31 mai 1864.

A Monsieur le Conseiller d'État, Directeur général des services civils :

« Monsieur le Directeur général,

« Je sais que votre attention est portée, en même temps que la mienne, sur une nouvelle attaque dirigée par le *Courrier de l'Algérie*, contre M. le Maréchal Ministre de la guerre.

« Un correspondant parisien a désigné Son Excellence comme un des successeurs présumés du Maréchal duc de Malakoff au gouvernement général de l'Algérie.

« Le *Courrier de l'Algérie*, dans son numéro de ce matin, reproduit cette nouvelle et y ajoute un commentaire.

« Pour se l'être permis, il faut que son auteur ait bien peu de mémoire de ce que l'Algérie doit et garde de reconnaissance à M. le Maréchal Randon.

« Cette inconvenance ne suffisait pas, et les lignes suivantes insinuent perfidement que, tandis que la marine est restée aussi active qu'en 1859, le Ministre de la guerre ne fait pas aujourd'hui, pour diriger des renforts sur l'Algérie, ce qu'il faisait lorsque, par des convois rapides de troupes, il préparait les succès de notre campagne d'Italie. — Il n'y a qu'un mot pour qualifier une pareille insinuation : C'est une injure gratuite.

« Dévoué depuis trente ans, corps et âme, à la colonie, ami de la modération et de la liberté, plein de respect pour les lois, adversaire déclaré des mauvaises passsions et de la licence se dissolvant des sociétés, je saisis cette occasion d'affirmer les sentiments et les principes dans lesquels je compte exercer l'autorité temporaire dont l'Empereur m'a investi.

« Imbu des exemples de fermeté de l'illustre Maréchal, dont les restes sont encore là au milieu de nous, je n'y faillirai pas, et, en particulier, je ne supporterai pas tout ce qui tendrait à troubler les esprits, à fausser le jugement public. Dans cette résolution, je compte sur le concours que me doivent MM. les Préfets pour maintenir la presse algérienne dans les voies de ses véritables devoirs, de son utile et libérale mission.

« Je vous invite à donner pour communiqué au *Courrier de l'Agérie* le texte même de cette lettre.

« Recevez, etc. »

Le général de division, Sous-Gouverneur, chargé par intérim du gouvernement de l'Algérie :
E. DE MARTIMPREY.

COUR IMPÉRIALE D'ALGER

PRESIDENCE DE M. IMBERDIS.

(AUDIENCE DU 4 JUIN 1864.)

Le Ministère public contre le *Courrier de l'Algérie* :

« En ce qui concerne les premier et troisième chefs adoptons les motifs des premiers juges ;

« En ce qui concerne le second chef de prévention retenu par le tribunal :

« Considérant que l'excitation au mépris ou à la haine des citoyens les uns contre les autres ne peut tomber sous l'application de la loi qu'autant que l'auteur aurait cherché, par ce moyen, à troubler la paix publique ;

« Considérant qu'il ne résulte pas de l'ensemble de l'article incriminé que Molot ait cherché à troubler la paix publique ; qu'il en ressort au contraire, qu'il a eu pour but de rassurer les esprits, et de calmer les alarmes que pouvait faire naître un article du *Courrier d'Oran*, en date du onze avril dernier, qui avait déjà motivé un avertissement de l'autorité préfectorale.

« Par ces motifs :

« En la forme, déclare recevables les appels ; au fond, rejette l'appel du ministère public et, faisant droit à l'appel du prévenu Molot, dit que c'est à tort que le tribunal l'a déclaré coupable, le relève des condamnations prononcées contre lui et le renvoie sans dépens ; confirme, quant au surplus, le jugement attaqué. »

Me DURAND, av. gén.

Me VUILLERMOZ, av., bâtonnier de l'ordre.

L'INSURRECTION

EN

ALGÉRIE

⁓⁓⁓

I.

Un député de la majorité, M. de Saint-Paul, s'exprimait en ces termes devant le Corps Législatif, à la date du 8 mai 1864 :

« Le gouvernement de 1830 avait laissé deux legs à
« recueillir. Il y en a un dont je suis assez embarrassé de
« de parler ; mais enfin, j'essaierai d'exprimer mon opinion
« de façon à ce qu'elle ne soit pas mal interprétée ; je veux
« parler de l'Algérie.

« Je respecte la conquête de l'Algérie, c'est là où le gou-
« vernement de Juillet a eu de la gloire, et c'est le tombeau
« de nos frères. Je n'en parle qu'au point de vue financier.
« Le gouvernement de la Restauration nous avait laissé Alger
« conquis, le gouvernement de Juillet en a fait l'Algérie.
« On sait ce que l'Algérie nous coûte.

« Et quand vous nous parlez des expéditions lointaines —
« ce qui, sans doute, ne s'applique qu'à l'expédition du
« Mexique, car je ne crois pas qu'on veuille parler de celles
« de la Chine, de la Cochinchine et du Japon ; — nous
« pourrions vous répondre que vous en avez fait bien
« d'autres moins utiles.... »

Cette situation peut donner une idée de l'hostilité ou, pour parler plus exactement, du sentiment d'ennui et de fatigue qui règne dans beaucoup d'esprits à l'égard de l'Algérie. On n'aime pas, et rien n'est plus concevable, ce pays qu'on n'a jamais vu, qu'on ne verra jamais sans doute, et d'où il n'arrive à la mère-patrie que des récits de chasse au lion, des demandes de crédit, ou des bulletins de victoire.

Les récits de chasse amusent ; ils sont lus volontiers, d'autant plus volontiers souvent qu'ils s'éloignent davantage de la vérité ou même du possible ; mais ils sont bien effrayants ! Aussi cet esprit généralisateur que la nature a départi à tous les Français, et dont ils sont très disposés à abuser, les conduit-il à peupler l'Algérie d'un nombre infini d'animaux malfaisants qui en rendraient le séjour impossible aux créatures humaines. Il est très peu d'entre nos compatriotes qui parviennent à se faire des notions exactes à ce sujet sans aller visiter eux-mêmes le pays, et se convaincre par un long voyage dans l'intérieur, qu'il est plus facile de faire un livre sur les bêtes féroces que de les rencontrer, même en les cherchant où elles sont.

Les demandes de crédit n'ont pas le privilége d'exercer sur le public une attraction aussi prononcée que les romans de chasses, mais cependant le contribuable — et nous l'approuvons très fort — le contribuable y donne quelque attention. Il se demande pourquoi ce pays, où toutes les villes de la côte jouissent, depuis 1847, d'une tranquillité qu'on n'a jamais pu réussir à troubler, il se demande « pourquoi ce pays nous coûte encore de l'argent. » Généralement peu au fait des subtilités budgétaires, ne sachant pas qu'il faut fouiller dans les portefeuilles de cinq ou six ministères différents pour bien connaître le *doit* et l'*avoir* de l'Algérie, le contribuable s'irrite de trouver au compte de la colonie beaucoup de dépenses, et pour ainsi dire pas de revenus. Il ignore qu'une décomposition sincère et rationnelle des divers éléments de la question amène tous les gens impartiaux à constater en faveur de la colonie un excédant annuel de recettes montant à 3 ou 4 millions. S'il était mieux instruit des vœux émis maintes fois par l'Algérie, il saurait que l'un de ceux qui ont été repris le plus souvent et avec le plus d'insistance par les Conseils généraux est précisément la demande d'un *budget spécial*. Or, jamais les contrées qui ne peuvent se suffire à elles-mêmes n'iront réclamer un système de comptabilité qui permette d'y voir aussi clair, et qui écarte aussi complètement la subvention métropolitaine. Rien n'est plus démonstratif qu'un pareil vœu.

Quant aux bulletins de victoire, nous les aimons en France. Nous les aimons même passablement; mais, comme tous ceux auxquels on donne beaucoup à choisir, nous devenons délicats et même gourmets : nous avons nos mets préférés. Ce qu'il nous faut, c'est le gros fracas, le grand tapage, ce sont les combats homériques, fabuleux, titanesques. Nous voulons de bonnes batailles rangées, au moins cent mille hommes d'un côté, cent mille de l'autre, avec beaucoup d'infanterie, pas mal de cavalerie et l'artillerie surtout ! — Qu'est-ce, grand Dieu ! qu'une bataille sans artillerie, sans canons rayés, à l'époque où nous vivons? Cela vaut-il seulement une rampe de gaz devant un café ou une lanterne de papier à une fenêtre ?

Ce grand dix-neuvième siècle, le siècle des lumières, du progrès, des chemins de fer, des navires cuirassés et de tant d'autres belles choses, nous rend exigeants sous ce rapport comme sous les autres. Qu'on ne nous parle donc pas de ces escarmouches continuelles où l'on perd cinquante hommes un jour, dix hommes l'autre, trente le surlendemain. Cela nous laisse sans enthousiasme, et même nous rend un peu tristes. Ah ! si l'on nous venait annoncer qu'Alger, s'étant révolté, il a fallu prendre la ville de nouveau, que l'armée s'est couverte de gloire, que dix mille hommes ont péri de notre côté, vingt mille chez l'ennemi, c'est alors que nous nous livrerions sans remords aux ébats de la joie la plus expansive. Le canon tonnerait aux Invalides, des affiches seraient placardées au coin de chaque rue, et le peuple en liesse prodiguerait aux façades des maisons les verres de couleur, le gaz, les lanternes, les drapeaux tricolores. A la bonne heure! voilà les bulletins de victoire qu'il nous faut, et non d'autres !

Pour ces diverses raisons, qui, d'ailleurs, ne sont pas les seules, l'Algérie n'est qu'à demi populaire en France. On la considère assez volontiers comme une *inutilité*, on s'étonne de n'en pas voir arriver des galions chargés d'or, et l'on regrette le sang et l'argent dépensés. Sans vouloir chercher si la faute n'en est pas à nous-mêmes, on s'en prend volontiers à ce pauvre pays qui n'en peut mais, et on l'accuse de ne pas marcher, alors qu'il a les jambes garottées, et de ne pas agir, quand il a les mains liées.

II.

Ajoutez à cela que, depuis deux ou trois ans, il s'est formé entre quelques journalistes parisiens un concert singulier. A la *Presse*, M. Émile de Girardin qui ne craignait pas, en 1848, de solliciter ardemment par une curieuse profession de foi, le mandat de député de l'Algérie; qui ne dédaignait point dix ans après de faire partie du Conseil supérieur des Colonies et de l'Algérie ; le même M. Émile de Girardin attaque aujourd'hui très énergiquement cette même Algérie, l'appelle *le boulet de la France*, et ne voit rien de mieux à en faire que de la remettre entre les mains d'Abd-el-Kader.... M. de Toulgoët, ancien préfet de Constantine, sert à M. de Girardin de lieutenant dans cette bizarre campagne, et oublie sans peine que ce pays qui est censé ne rien rapporter, continue à servir tous les ans, *volens nolens*, six mille francs d'appointements, à qui? — à M. de Toulgoët en personne. (Voir les documents officiels, budgets de l'Algérie de 1865, 1864 et années précédentes.)

Au *Journal des Débats*, M. Albert Petit, qui ne connait pas du tout l'Algérie, a remplacé M. Jules Duval qui la connaît fort bien, et le nouveau venu s'est pris à juger des affaires de la Colonie un peu plus mal qu'un aveugle des couleurs. Enfin, au *Siècle*, M. Louis Jourdan encense aujourd'hui l'idole qu'il essayait de brûler hier encore, et sacrifie la Colonie sur l'autel des ces faux dieux qu'il n'a pu renverser.

A ceux qui auraient la candeur de s'étonner de ces conversions rapides ou de ces volte-faces instantanées, on répondra qu'il est plus beau de reconnaître une erreur de vingt ans, que d'y persévérer un seul jour. Nous sommes tout à fait de cet avis ; aussi, nous plaisons-nous à croire qu'un nouveau changement de front, coûtant si peu de chose à *la Presse*, aux *Débats*, et à M. Louis Jourdan, nous les entendrons quelque jour s'accorder tous de nouveau, pour rendre à l'Algérie la justice qui lui est due et qu'ils ne lui marchandaient pas autrefois.

On ne doit pas attacher d'ailleurs une grande importance à l'opinion de quelques hommes. Il faut se reporter dans le passé, et l'on verra que de tout temps la Colonie a eu ses détracteurs acharnés, et qu'elle n'en est pas morte. Qui ne se souvient de M. Desjobert et de ses éloquentes philippiques contre « l'expédition lointaine » d'alors ? Qui ne sait que la prise d'Alger, que la conquête de l'Algérie surtout, ont eu lieu pour ainsi dire malgré nous ? On voulait venger une injure : on a pris une ville, puis des jardins, une autre ville encore, et de proche en proche, sans pouvoir s'arrêter, on a dû s'emparer d'un pays grand comme la France. Qu'on relise les journaux d'alors et l'on y trouvera des articles en tout semblables à ceux de MM. de Girardin et Toulgoët. Aussi assure-t-on à ce propos que les alinéas du rédacteur en chef de la *Presse* ont été rédigés, composés, mis en page, imprimés entre 1827 et 1847. Pourquoi ne paraissent-ils qu'en 1864 ? Voilà ce que nous ne sommes pas chargés d'expliquer.

Il y a vingt ans, il eût peut-être été utile de discuter les conclusions ou d'apprécier les arguments présentés dans les colonnes de la *Presse* ; mais à l'heure qu'il est, personne ne prendra plus cette peine. L'Algérie est devenue terre française, et terre française elle restera, en dépit de MM. Calley Saint-Paul, Abd-el-Kader et de Girardin.

Nous croyons donc qu'il vaut mieux, ici comme ailleurs, ne pas perdre son encre à dogmatiser après coup, sur ce qu'il fallait faire ou ne pas faire ; qu'il est très oiseux de soulever la question de savoir si l'on a eu tort ou raison de prendre l'Algérie ; mais qu'on doit convenir avant tout d'un fait positif et incontestable, c'est-à-dire qu'elle est prise et que nous ne pouvons pas ne pas la garder.

III.

Cela posé, que la Colonie soit ou non « le boulet de la France », que nous importe, après tout ? A ceux qui veulent à toute force que l'Algérie soit un fardeau pour la métropole, nous ne refuserons pas de faire une concession qui leur tient tant à cœur, mais alors nous leur dirons qu'ils ont le devoir de rechercher consciencieusement avec nous s'il ne serait pas possible de rendre moins lourd ce fardeau que la France est condamnée à porter.

Et à supposer que l'on puisse clore définitivement en ce pays la période guerrière, que l'on puisse obtenir partout une tranquillité absolue, ne vaudrait-il pas la peine d'examiner les moyens proposés pour en arriver là ? Faudra-t-il les rejeter sans avoir mûrement réfléchi, avant de s'être convaincu qu'ils sont absolument sans valeur et sans efficacité ?

Ceux même qui sont plus frappés des sacrifices imposés à la France par l'Algérie que des avantages qu'elle lui rapporte, devront, ce nous semble, y donner une attention toute spéciale, car l'urgence de la question algérienne leur est mieux démontrée encore qu'à tous les autres.

Ce n'est, d'ailleurs, pas nous qui contesterons cette urgence, car nous croyons que la prospérité de l'Algérie importe beaucoup à la France. Que l'Algérie soit riche — et la France voit s'accroître d'autant sa richesse. Que l'Algérie soit peuplée — et la métropole y gagne des milliers de nouveaux citoyens. Enfin et surtout, que l'Algérie soit tranquille — et la France peut, du jour au lendemain, diminuer de 50,000 hommes l'effectif de son armée.

Il n'est donc pas sans intérêt, en présence de la récente insurrection, d'étudier, sinon la cause immédiate et occasionnelle, du moins les causes générales de ces soulèvements qui viennent périodiquement assaillir les postes avancés de nos trois provinces.

Nous ne rechercherons pas, disons-nous, le motif premier de l'insurrection, et cependant il serait bon que ce motif fut connu. Mais fort malheureusement *nous ne pouvons pas le savoir....* Et si, par aventure, nous nous en doutions tant soit peut, force nous serait de garder le silence. Trop souvent, hélas! on est obligé de cacher au public certaines plaies honteuses que le seul grand jour suffirait sans doute à guérir. Trop souvent, ainsi que l'a dit avec une éloquence magistrale un haut personnage qui n'est pas M. Prudhomme, « on doit jeter le voile de la Pudeur sur la statue outragée de la Morale publique. » Beaucoup trop souvent à notre gré! car nous voudrions pouvoir tout montrer, tout dire, tout démasquer.... Espérons que le temps viendra bientôt où cela sera possible.

En attendant que cette époque arrive, disons tout ce qu'il nous est permis de dire, et commençons par préciser le lieu où l'insurrrection de 1864 a pris naissance.

IV.

On sait que l'Algérie est divisée administrativement en territoires civils et en territoires militaires.

Les territoires militaires ne relèvent que d'une seule autorité qui tient en main les pouvoirs judiciaires, administratifs, et tous les autres pouvoirs. Cette autorité, c'est le bureau arabe. Ecoutons à ce sujet M. Hugonnet qui saura nous donner la mesure de la puissance remise entre les mains des officiers de cette administration.

« L'institution du bureau arabe n'est comparable à rien
« dans le passé, d'après ce que je connais, au moins, des
« diverses espèces d'administrations ou pouvoirs qu'ont eu
« action sur les peuples. On compare quelquefois le bureau
« arabe à l'autorité des pachas d'Orient ; le bureau arabe a
« sur les musulmans un pouvoir plus étendu, puisque, en outre
« de ce que peut faire un pacha, il contrôle en Algérie tout
« ce qui touche à la religion musulmane, et cela avec bien
« plus d'indépendance que ne pourrait le faire un successeur
« des satrapes. »

Voici maintenant un resumé très exact des attributions dévolues à ces officiers. Nous l'Empruntons à M. Lanjuinais :

Impôts arabes à faire rentrer ;

Forêts de l'Etat à protéger ;

Projets et surveillance des travaux publics ;

Contrôle des actes des cadis ;

Police judiciaire ;

Instruction publique ;

Cultes ;

Santé ;

Assistance ;

Agriculture, etc., etc.

On voit que si, d'une part, le pouvoir des bureaux arabes est sans limites, leurs attributions sont en rapport avec ce pouvoir ; on voit que leur action n'est entravée par aucun obstacle, et l'on peut s'étonner d'autant plus, en constatant que les insurrections qui ont eu lieu en Algérie depuis 1847 ont toujours pris naissance dans les territoires soumis à leur juridiction.

Le soulèvement de 1864 n'a pas fait exception à cette règle constante. On l'a vu apparaître à l'extrême Sud de la province d'Oran, dans la tribu des Oulad Sidi Cheikh, en plein territoire militaire, loin de tout village européen, de toute ferme ou habitation française, dans cette zône que M. Clément Duvernois appelle très justement : *la zône des petits combats.*

V.

Ceci une fois établi, nous allons suivre une méthode d'investigation qui pour n'être pas directe, n'en est pas moins sûre.

Dans certaines contrées de la France, les paysans ont une habitude qu'il est permis à chacun de trouver mauvaise, mais à laquelle on ne nous défendra pas de reconnaître certains avantages. Vous êtes égaré dans la campagne, et vous leur demandez quelle route il faut suivre pour arriver à tel endroit déterminé.

— « Suivez, » disent-ils, « jusqu'à ce carrefour. Là vous trou-
« verez trois chemins ; vous ne prendrez pas celui de droite, il
« vous mènerait à X... où vous n'avez que faire ; vous laisserez
« aussi de côté celui de gauche, car il conduit à Z... et vous
« n'y voulez pas aller. Vous prendrez l'autre, le chemin du
« milieu. »

Nous ferons comme les paysans, et nous chercherons à quelles causes n'est pas due l'insurrection : au lecteur de trouver le reste.

1° L'insurrection n'est pas dûe à la constitution de la propriété individuelle chez les Arabes.

Personne n'ignore plus en France combien misérable est la situation du pauvre serf indigène. Le malheureux n'a rien à lui : la terre appartient en commun à la tribu, ce qui veut dire qu'elle est la propriété réelle du chef. Le sénatus-consulte du 22 avril 1863 promettait aux Arabes de les faire sortir de ce communisme barbare et féodal qui étouffe toute initiative personnelle et rend impossible toute amélioration dans la culture — les terres étant partagées chaque année par le caïd qui distribue les meilleurs morceaux au gré de son caprice ou de son intérêt. Or, dans la séance du 17 mai 1864, M. le général Allard annonçait au Corps Législatif qu'à cette date il n'y avait encore qu'UNE tribu où la propriété individuelle fut constituée ! UNE tribu sur *douze cents*, ce n'est pas beaucoup en un an, disons-le en passant. Mais cela prouve du moins que les chefs n'ont pu s'inquiéter de ces opérations destinées à diminuer leur pouvoir, et que la révolte a d'autres causes.

2° L'insurrection n'est pas dûe à l'intervention d'agents du ministère des finances dans l'assiette et la perception des impôts arabes.

Cette amélioration, réclamée depuis longtemps comme indispensable par les Conseils généraux des trois provinces de l'Algérie, repoussée à plusieurs reprises par l'autorité militaire, était cependant reconnue nécessaire par un officier dont personne ne contestera la compétence à cet égard. Voici ce que disait le général Yusuf dès 1860 :

« Il serait vivement à désirer que l'impôt put être versé « individuellement par douzième et directement par les « contribuables entre les mains des agents des contribu- « tions. »

Il disait encore en 1864 :

« Un des grands inconvénients de l'impôt arabe nous a
« depuis longtemps frappés, c'est de voir que le cultivateur
« qui arrache à la sueur de son front les produits de la terre
« paye à peu près seul l'achour, tandis que le grand pro-
« priétaire trouve dans sa position privilégiée toutes les
« facilités pour se soustraire à cette charge. »

Ecoutons aussi M. le baron Jérôme David, ancien officier
des bureaux arabes, aujourd'hui député au Corps Législatif.
Voici un fragment de son discours de juin 1862 :

« L'impôt arabe entre dans les prévisions de 1863 pour
« 12 millions de francs, qui, répartis sur 2,700,000 indi-
« gènes, donnent une moyenne de 4 fr. 50 c. par individu.
« Admettons que les indigènes participent pour 2,700,000 fr.
« aux autres revenus de l'Algérie, cela fait 5 fr. 50 c. en
« moyenne pour l'apport de chaque individu indigène aux
« recettes de l'Algérie, tandis que l'apport européen, par
« individu, est, en moyenne, de plus de 30 fr., et, en France,
« l'apport est de 48 fr.

« Il n'y qu'à réfléchir un seul instant sur ce chiffre de
« 5 fr. 50 c. Lorsqu'on est allé en Algérie, *on sait que l'in-*
« *digène est* ÉCRASÉ *sous le poids des impôts ; les* EXACTIONS
« DES CHEFS INDIGÈNES SONT TRÈS GRANDES ; ILS GARDENT PAR
« DEVERS EUX LA PLUS GRANDE PARTIE DU REVENU ARABE. »

Nous pourrions multiplier ces citations à l'infini, et l'on
verrait que toutes prouvent surabondamment que le mode
actuel de perception est détestable. Le gouvernement lui-
même, par l'organe de M. le général Allard, a dû en convenir
dans la séance du 17 mai dernier, et personne n'a élevé
la voix pour plaider en faveur du maintien de ce système.
Quoiqu'il en soit, on l'a maintenu. La perception se fait toujours pour l'assiette et le recouvrement par les soins des chefs
indigènes, sans autre surveillance que celle des bureaux
arabes. On n'a donc rien changé aux usages anciens, à ces
« coutumes établies depuis longtemps » qui pouvaient être

chères à quelques-uns. Là non plus, il ne faut pas chercher un motif de soulèvement.

Constatons en outre, que l'impôt venait d'être payé par les tribus qui se sont soulevées. On ne saurait donc prétendre que la rébellion ait eu lieu pour en éviter l'acquittement.

3° L'insurrection n'est pas dûe à la libre circulation des négociants français ou même des colporteurs israélites en territoire militaire.

En effet, sur les conclusions de M. le général commandant la province d'Oran, le Conseil général de cette province n'a pas renouvelé à sa dernière session le vœu émis toutes les années précédentes. Ce vœu était cependant modeste :

« Le Conseil général renouvelle le vœu que les transactions
« commerciales du grand et du petit commerce soient com-
« plètement libres en territoire militaire, pour tout marchand
« colporteur et autres, sauf l'observation des mesures de
« police et de sûreté. »

D'après M. le Général, « en raison du voisinage de nos
« possessions avec le Maroc, de hautes considérations de
« sûreté générale ou de sûreté individuelle, veulent, en effet
« que le droit de libre circulation ne soit concédé qu'à des
« hommes sur lesquels l'administration peut compter d'une
« manière absolue. »

En conséquence, le vœu ayant été repoussé, il est bien évident que ce ne sont pas « les hommes sur lesquels l'administration peut compter d'une manière absolue » qui auront fomenté un soulèvement contre elle.

4° L'insurrection n'est pas due à la poursuite des malfaiteurs par la gendarmerie en territoire militaire.

Le Conseil général d'Oran était dans l'usage d'émettre chaque année un autre vœu dont voici le texte :

« Le Conseil général renouvelle le vœu que la gendarmerie
« soit autorisée à poursuivre les Européens et indigènes sur

« le territoire militaire comme sur le territoire civil, à la
« charge de faire avertir aussi rapidement que possible l'au-
« torité militaire. »

Sur les observations de M. le général commandant la province, ce vœu, n'a pas été renouvelé non plus. D'où il suit
qu'en cela, comme sur la précédente question, l'autorité
militaire a eu gain de cause, et que rien n'est venu entraver
l'action de son pouvoir souverain sur les indigènes, pas même
la gendarmerie !

5° L'insurrection n'est pas due aux efforts faits par l'autorité
militaire pour obtenir des tribus qui, l'an passé, ont incendié
les forêts de chênes-liége, une réparation équitable du dom-
mage causé aux concessionnaires.

En effet, les massifs de chênes-liége sont situés non loin de
la mer, dans la province de Constantine, et le soulèvement
s'est produit dans les sables, au sud de la province d'Oran.
En outre, il est constant que les bonnes dispositions du Gouverneur général et du Ministre de la guerre à l'égard de ces
concessionnaires n'ont produit jusqu'ici que des résultats mé-
diocres. Nous n'en voulons pas d'autre preuve que le discours
de M. Jubinal, prononcé à ce sujet dans la séance du 17 mai
dernier. On sent percer, dans les paroles infiniment respec-
tueuses et mesurées de ce député, un besoin de protection
qui sera satisfait sans doute, mais qui ne l'a été jusqu'ici
que médiocrement.

6° L'insurrection n'est pas due a une prétendue pression
exercée par les bureaux arabes en vue de faire restituer par
certaines tribus l'argent dû à des négociants français.

Ce bruit mensonger a été mis en circulation par ceux-là
même qui en pouvaient connaître le mieux l'inexactitude. Il
suffira de lire la lettre suivante, adressée au *Courrier du dimanche* pour se former une conviction éclairée à cet égard :

« Tourcoing, le 24 avril 1864.

« Monsieur le Rédacteur,

« J'ai lu, avec un profond étonnement, dans plusieurs
« journaux quotidiens de Paris, que les troubles survenus
« dans la partie méridionale de l'Algérie seraient dus
« aux mesures prises par l'autorité militaire pour obtenir
« des Arabes le paiement de sommes réclamées depuis plu-
« sieurs années par quelques négociants en laine du nord
« de la France.

« Bien que mon nom n'ait pas été prononcé, c'est évi-
« demment moi qu'on a voulu mettre en cause, attendu
« que je suis le seul des nombreux industriels dont les
« intérêts ont été compromis dans ce pays, qui n'ait pas
« craint d'élever la voix pour réclamer mon bien, et peut-
« être aussi le seul qui continue à croire au succès que
« doit toujours obtenir tôt ou tard, — en Algérie comme
« ailleurs — une cause juste.

« Ce qui est vrai, monsieur le rédacteur, c'est qu'il y a
« quatre mois, j'ai adressé à l'Empereur une pétition dont
« il a été question devant le Corps législatif à cette der-
« nière session.

« Ce qui est vrai, c'est que les énonciations contenues
« dans cette pétition ont paru révéler des faits assez graves
« pour qu'une enquête soit ordonnée ;

« Mais ce qui est vrai aussi, monsieur, c'est que l'auto-
« rité militaire n'a pris jusqu'ici de mesure d'aucune sorte
« pour faire rentrer nos créances. J'en donne ici l'assu-
« rance formelle.

« Quant à l'enquête qui a été annoncée, je me refuse à
« croire qu'on la fasse sans entendre les principaux inté-
« ressés, c'est-à-dire M. R. Cély, mon représentant, et
« moi-même. Or, j'ai vainement attendu jusqu'ici qu'on

« voulût bien me mettre en demeure de prouver les faits
« que j'avance.

« J'attends donc avec impatience et l'enquête, et les me-
« sures *à prendre* par l'autorité militaire.

« Agréez, monsieur le rédacteur, etc.

« CARLOS MAZUREL,
« Négociant à Tourcoing (Nord). »

7° L'insurrection n'est pas due au fanatisme.

Il ne se produit jamais un soulèvement en Algérie sans que
l'on accuse aussitôt la religion musulmane et le « fanatisme
aveugle » des indigènes d'en être la cause. Le fanatisme est
commode pour tout expliquer, mais il n'explique cependant
pas tout. On avait d'abord répandu le bruit que les désordres
de la Tunisie et de l'Asie-Mineure étaient connexes avec ceux
du Sahara algérien, et cela simplement parce qu'ils étaient
simultanés. Bientôt on avait dû abandonner cette thèse, le
Sud des provinces d'Alger et de Constantine restant absolument tranquille, tandis que, seule, la province d'Oran, qui est
la plus éloignée de la Tunisie, était troublée. On ne pouvait
non plus accuser le Maroc où régnait un calme parfait.

Force a donc été de supposer une action mystérieuse de
ces confréries musulmanes (*khouans*) dont un livre récent a
beaucoup exagéré l'importance. A coup sûr, toutes les hypo-
thèses sont permises, principalement lorsqu'on ne peut rien
prouver, soit pour, soit contre elles. Toutefois, nous ferons
remarquer que Si Seliman, le jeune chef qui a le premier levé
l'étendard de la révolte, était loin de pouvoir être rangé parmi
ces musulmans fervents qui se voilent la tête ou se jettent la
face contre terre lorsqu'ils rencontrent des chrétiens. Le
commandant Colomieu, le capitaine Burin et tous les officiers
qui ont eu des rapports avec ce chef ne nous démentiront
pas, lorsque nous dirons qu'il acceptait volontiers le joug de
l'autorité française, et qu'il avait toujours montré dans ses
relations avec elle une grande cordialité.

Ce que l'on peut dire avec raison, cette fois, c'est que le jeune frère de Sidi Seliman, qui, après la mort de celui-ci, a pris le commandement des Ouled Sidi Cheikh révoltés, est, *par exception*, un fanatique. Ceci, nous l'admettons volontiers, mais il n'en faut pas tirer d'autre conclusion que celle-ci : à savoir, qu'un soulèvement commencé d'une façon se sera terminé d'une autre.

VI.

Après avoir constaté les résultats infructueux de nos recherches, il nous reste à dire comment en Algérie le terrain est toujours si bien préparé pour recevoir et faire fructifier le moindre germe d'insurrection. La raison en est simple :

Les Indigènes sont restés les mêmes qu'au jour de la conquête, ils n'ont pas fait un pas vers l'assimilation avec la race conquérante. Ce sont toujours les Arabes de 1830.

Nous ne prétendrons pas que dans les villes où ils se trouvent en contact avec nos colons, ou même dans un rayon peu étendu autour des habitations européennes, les indigènes n'aient pas réalisé quelques légères améliorations, dans leur mode de culture par exemple, mais combien cela est peu de chose, et combien plus nombreux ils sont, les Arabes qui n'ont rien changé à leurs coutumes, à leur manière de vivre, à leurs mœurs, depuis que les Français sont en Algérie !

Il est d'ailleurs facile d'en faire le compte. Voici les chiffres officiels du dernier *État actuel de l'Algérie* (recensement de 1861) :

POPULATION INDIGÈNE.

Arabes des villes.........	358.760 habitants.
Arabes des tribus.........	2.374.091 —
Juifs indigènes..........	28.097 —
Soit.....	2.760,948 habitants.

Sauf les Juifs, tous citadins, et qui s'assimilent à nous très rapidement, il n'existe donc en Algérie que 358,000 indigènes environ qui, habitant les villes, aient été en rapports assez fréquents avec les Européens pour n'avoir pu éviter de gagner quelque chose à ce contact journalier. Or, j'en appelle à la bonne foi de tous ceux qui ont mis le pied dans la colonie, les Arabes des villes et villages que chacun peut voir et observer à son aise, ont-ils accompli des progrès sensibles et qui fassent prévoir le jour où se confondront les races conquérantes et conquises ? Ne semble-t-il pas bien plutôt, au premier abord, qu'ils soient restés immobiles, tout à fait immobiles, et que la présence des Français en Algérie reste pour eux comme nulle et non avenue ?

Il ne faut pas, en effet, se laisser abuser par certaines parades officielles qui ne prouvent plus rien en voulant trop prouver. Ainsi, chacun devrait savoir en France, comme chacun le sait en Algérie, que les rapports , excellents d'ailleurs, signés par Sid Hassen Caïd ben Ahmed, membre du Conseil général d'Alger et délégué à l'Exposition de Londres par le gouvernement, ont été faits par un sergent de tirailleurs *français* devenu officier quelques mois après. Il en est de même pour le reste : c'est à tout cela que l'on donne dans la colonie le nom significatif de *fantasia*. C'est, en effet, de la haute fantaisie et pas autre chose.

Malgré tout, il est constant qu'en observant avec une attention soutenue, on arrive à distinguer certains symptômes légers, bien rares toutefois, qui dénotent une amélioration réelle, et, pour ma part, j'espère sérieusement que les Arabes arriveront à se civiliser, si nous le voulons. Mais si ces indices de transformation et de civilisation futures sont si difficiles à découvrir chez l'Arabe des villes, que sera-ce donc chez l'indigène des tribus, qui est resté loin de nos villes et de nos colons, et qui n'est en rapport avec eux que lorsqu'il vient vendre au marché ses légumes, son huile ou son blé ! — Chez celui-là vous ne trouverez rien, absolument rien.

A quoi faut-il attribuer ce *statu quo*, ce manque à l'assimilation de la part des Arabes ? — Au caractère de la race d'abord, mais aussi et pour une très grande part, il faut le dire, à notre maladresse.

VII.

Laissant de côté le caractère des indigènes, que chacun sait être très éloigné du nôtre, nous verrons tout à l'heure quelles sont les fautes que nous avons commises, et quelle marche il conviendrait de suivre, mais auparavant, nous croyons qu'il n'est pas absolument inutile de montrer que l'assimilation et la civilisation des Arabes nous sont commandées par la justice, par l'intérêt et la nécessité.

Nous avons été amenés, plutôt par l'enchaînement des circonstances que par notre propre volonté, à faire la conquête à main armée d'une contrée barbare. Autrefois une semblable conquête se fut expliquée par cette seule considération que nous étions les plus forts et que le pays de ces Bédouins nous convenait sous tous les rapports. Il n'en est plus de même aujourd'hui, et le progrès des mœurs publiques nous force a donner une compensation quelconque à des peuplades que nous avons mitraillées et fusillées sans merci jusqu'au complet établissement d'une domination qu'elles ne désiraient certainement pas. En nous emparant de ce territoire, nous nous sommes virtuellement imposé la tâche de les doter d'institutions supérieures à celles qui existaient avant notre venue, et de racheter ainsi par nos bienfaits tout le sang que nous avions répandu.

C'est là un de ces points sur lesquels tout le monde devrait s'accorder à l'époque où nous vivons. Voilà pourquoi rien ne nous étonne plus que d'entendre certains publicistes prêcher une explication des Arabes semblable à celle que pratiquait la Compagnie des Indes sur les sujets de ses vastes possessions. Notre conscience repousse ce hideux asservissement de l'homme, qui pour ne pas porter le nom d'*esclavage* n'en vaut pas beaucoup davantage.

Aussi, sommes-nous assuré que M. le baron Jérôme David lorsqu'il proposait devant le Corps législatif, il y a deux ans à peine, d'introniser en Algérie le système colonial suivi par les Hollandais à Java et dans les îles voisines, ne connaissait pas suffisamment ce système. Il savait, sans doute, comme nous le savons tous, que les Hollandais trouvent moyen, en agissant comme ils le font, de recueillir de très beaux bénéfices, mais il ignorait certainement qu'ils n'atteignent un résultat financier aussi désirable que par une odieuse exploitation qui répugnerait à tous les Français de France et d'Algérie, et à M. Jérôme David tout le premier.

Il ne peut être question de cela dans une colonie où flotte notre drapeau. Si nous avons eu le malheur de faire une conquête, nous n'avons pas entendu acquérir par là le droit d'exploiter le peuple conquis, mais, tout au contraire, nous avons accepté aussi le devoir de la justifier en apportant la civilisation aux vaincus. Pareille chose a-t-elle d'ailleurs besoin d'être démontrée?

VIII

Mais ce n'est pas seulement l'humanité, ce n'est pas simplement la justice qui nous y obligent, c'est aussi notre intérêt bien entendu. Le bon sens public a fait plus de progrès encore que la morale, et si nous sommes un peu plus honnêtes qu'autrefois, à coup sûr, nous savons encore bien mieux compter qu'au temps jadis. Ainsi, nous comprenons que le vieux système colonial est usé, qu'il y a tout bénéfice à laisser les colonies s'enrichir au lieu de les appauvrir par des tribut

onéreux. Nous pensons qu'il est plus avantageux de pos-
séder des provinces amies formant comme un prolongement
de la métropole au-delà des mers, de former au loin une
nation-sœur attachée par des bienfaits, que de maintenir par
les armes quelques hordes d'esclaves misérables qui bri-
seront, dès qu'ils le pourront, un joug détesté.

Nous savons surtout que l'intelligence humaine est une
valeur que rien ne peut remplacer, et que le *rendement*
fourni par un être doté d'une éducation avancée est beaucoup
plus considérable que le *rendement* donné par un sauvage.
Le sauvage, par cela seul qu'il a moins de besoins, produit
beaucoup moins, alors même qu'il aurait l'intelligence nécessaire pour produire autant que l'homme civilisé. Il est facile
de prouver que cette vérité, vraie partout, est rigoureusement
démontrée en Algérie par les statistiques officielles.

Voici des chiffres qui comprennent l'ensemble de la culture
du blé pour les trois provinces de l'Algérie (1862) :

Les Européens ont ensemencé 67,474 hectares, qui ont
produit 473,755 hectolitres.

Les Indigènes ont ensemencé 761,696 hectares, qui ont
produit 3,776,665 hectolitres.

Ce qui donne à l'hectare SEPT HECTOLITRES pour la culture
européenne, et seulement CINQ HECTOLITRES pour la culture
indigène. Différence en faveur de la civilisation : plus du quart.

Autre démonstration que nous reproduisons textuellement
d'après l'*Etat actuel de l'Algérie* (1862) :

« .... Les impositions des indigènes sont moins
« considérables que celles de la population européenne.
« D'après les renseignements statistiques fournis par le
« service des Contributions diverses de la province d'Alger,
« les Européens ont payé, en 1862, pour impôts de toute
« nature, une somme de 28 fr. 01 cent. par tête ; les indi-
« gènes n'ont versé que 18 fr. 16 cent. en moyenne ; diffé-
« rence en moins en leur faveur : 9 fr. 85 cent. par tête. »

Et cependant, comme le dit très bien M. J. David, ces impôts si minimes pèsent lourdement sur les indigènes, tandis que les Européens supportent aisément les leurs.

Terminons par un exemple encore plus frappant :

« D'après les documents qui remontent aux premiers temps « de la conquête, » dit M. Forcade la Roquette dans un rapport officiel, « on n'estime pas qu'en 1830 et dans les « années précédentes, le commerce de la Régence d'Alger « avec la France fût supérieur à 5 ou 6 millions. En 1837, il « n'était encore que de 20 millions, exportations et impor- « tations réunies. En 1847, il atteignait déjà 100 millions. « En 1861, le commerce de l'Algérie dépasse 237 millions « (valeurs réelles) qui se décomposent de la manière suivant :

« Importations de France en Algérie..   137 millions
« Exportations d'Algérie en France..   63 millions
« Commerce avec les pays étrangers..   28 millions. »

On voit par ces chiffres ce qu'a déjà pu produire le souffle puissant de la civilisation européenne, bien qu'il n'ait encore fait que passer sur l'Algérie; on le voit mieux encore lorsqu'on vient à comparer ces résultats avec ceux donnés par les sociétés musulmanes voisines. La Tunisie, avec un million et demi d'habitants, ne fait que 12 à 15 millions d'affaires ; le Maroc avec six ou sept millions d'habitants n'en fait que 30 à 40 millions, tandis que notre colonie peuplée seulement de deux millions sept cent mille âmes, atteint à la somme considérable que nous venons de voir.

En somme, il est incontestable que nous avons grand intérêt à élever les Arabes à cette « dignité d'hommes » que l'Empereur ambitionnait pour eux, et cela quand même nous n'aurions pas le devoir de le faire.

IX.

Or, si nous venons à rechercher quels changements ont été accomplis par notre initiative dans la condition des indigènes, nous trouverons qu'il y en a bien peu, et que tout, ou presque tout, est encore comme au temps des Turcs.

Ainsi, il semblerait que notre venue en Algérie eût dû avoir pour objet de rendre plus faciles qu'avant la conquête les relations commerciales entre Indigènes et Européens. Il n'en est rien, et les transactions avec Tunis et le Maroc sont moins faciles que par le passé. En effet, on refuse des passeports à ceux de nos négociants qui veulent se rendre dans ces contrées. Le document suivant en fait foi :

« Oran, le 9 avril 1862.

« MONSIEUR,

« Par dépêche, en date du 4 courant, Son Excellence le « Gouverneur général m'informe qu'il ne peut vous accorder « un passeport pour Ouchda (Maroc), par la raison que sur ce « point du territoire marocain, la France n'a aucun repré- « sentant chargé de défendre les intérêts de ses nationaux.

« En conséquence, j'ai l'honneur, Monsieur, de vous « remettre ci-joint les dix francs timbres-poste qui étaient « joints à votre lettre du 8 mars écoulé et qui représentaient « le coût d'un passeport à l'étranger.

« Recevez, Monsieur, l'assurance de ma considération « distinguée.

« Pour le Préfet :
« *Le Secrétaire général délégué,*
« *Signé* Bᵒⁿ DE MONTIGNY.

« Monsieur Cély (Régis), représentant de la maison Carlos Mazurel, Oran. »

Voilà pour les relations avec l'extérieur. A cela nous pouvons ajouter un fait personnel, relatif à la circulation dans l'intérieur de l'Algérie elle-même. En 1858, nous nous sommes vu refuser un *visa* pour nous rendre d'Alger à Biskra (province de Constantine) par la voie de terre : nous avons dû nous passer de ce *visa*, et faire ce voyage de pure curiosité sans autorisation. Inutile de dire que nous n'avons rencontré aucune des difficultés, aucun des dangers qui nous étaient signalés aux bureaux de la police d'Alger. Nous avons reçu de la part des Arabes le meilleur accueil, ce qui nous a engagé à renouveler la même excursion trois ans après en traversant toute la Kabylie malgré les conseils du chef du bureau arabe de Fort-Napoléon, qui nous faisait craindre une mauvaise réception lorsque nous aurions à traverser le territoire de la tribu des Beni-Mellikeuch ; nous sommes allé demander l'hospitalité à ces terribles Beni-Mellikeuch, gens fort sales et très déguenillés, mais d'une cordialité sincère et toute affectueuse. Nous ne pouvons assez nous louer de la façon dont nous avons été reçu par ces pauvres indigènes qu'on voudrait nous faire passer pour des cannibales féroces, et qui sont — lorsqu'on ne les maltraite pas — d'une douceur et d'une complaisance sans pareilles. Il est vrai de dire que nous n'avions ni escorte, ni armes, ni recommandation et que nous étions seul avec un muletier kabyle.

Il serait cependant bien nécessaire de laisser s'établir entre les Indigènes et les Européens des relations fréquentes de commerce et d'amitié, de commerce surtout. Comment veut-on qu'une fusion puisse s'opérer entre les deux éléments, entre l'élément français et l'élément arabe, si on supprime leurs points de contact ?

Et qu'on n'aille pas croire que les faits que je viens de signaler soient isolés, qu'ils ne se produisent qu'à l'état d'exception, et contrairement aux ordres reçus d'en haut. Je demande pardon au lecteur de l'accabler de documents et de citations, mais j'aime mieux laisser la parole aux autorités elles-mêmes. On ne pourra du moins contester la vérité de mes assertions. Voici donc une pièce que je crois pouvoir appeler, sans mentir, une *pièce curieuse* :

« LOUANGE A DIEU L'UNIQUE ! ·

« *Au caïd Si Mohammed ben Ismaïl, salut sur toi !*

« Je t'informe que nous venons de créer un marché à El-
« Biod (Géryville), qui se tiendra le 21 chouel, par ordre du
« grand chef, le commandant Colomieu, qui commande
« El-Biod. Dès que tu auras reçu cet ordre, tu le publieras
« dans toute ta tribu, et tu annonceras la création de ce
« marché, et tu recommanderas à tous de venir à ce marché
« au jour indiqué ; et ils y porteront toutes les marchandises
« qu'ils veulent vendre et qu'ils sont accoutumés à porter
« sur les marchés, telles que laines, beurre, tentes, cuirs,
« habillements, moutons, chameaux, et tout ce qu'ils
« voudront, excepté les nègres et les négresses, et, si tu le
« veux, tu viendras avec eux.

« Nous avons fait connaître la création de ce nouveau marché
« de tous les côtés, aux Gouraras, à Figuig et dans les pays
« éloignés, et nous instituons ce marché dans l'intérêt du
« pays, et pour vous éviter des fatigues. Vous y gagnerez de
« l'argent sans vous fatiguer ; et, pour que vous trouviez un
« marché tout près qui vous évite de vous rendre sur les
« marchés éloignés. Le marché commencera le jour désigné
« ci-dessus, qui est un dimanche, et il continuera les di-
« manches suivants.

« *S'il va chez vous un Français, un Musulman ou un*
« *Israélite qui voudrait faire du commerce avec vous, il*
« *ne faut pas lui vendre la moindre chose, pas même une*
« *toison de laine ; et s'ils viennent nous demander la per-*
« *mission d'aller chez vous,* NOUS LA LEUR REFUSERONS. Ceux

« qui voudront vendre et acheter viendront à ce marché. Et
« tu viendras, toi aussi, sans faute, le dimanche, et si ce jour
« ne suffit pas, nous y ajouterons le lundi. Tu liras cette
« lettre à toute la tribu, maison par maison, tente par tente.

« *Salut de la part du grand et puissant lieutenant*
« *Burin, chef du bureau arabe, dont le cachet se trouve*
« *en tête de la présente.*

« Signé : Joly,

« *Interprète judiciaire.* »

Après avoir pris connaissance de ce document, et d'autres
encore non moins remarquables, que nous supprimons à
regret, M. Lanjuinais n'avait-il pas raison de dire devant la
Chambre, cette année :

« On le voit, il serait plus facile à un parisien d'aller com-
« mercer en Chine, en Tartarie ou dans le Caucase, qu'il est
« facile à un habitant de la province d'Oran ou de la pro-
« vince de Constantine d'aller commercer avec les Indi-
« gènes ! »

Et il faut que ces faits soient bien constants, bien établis,
et même passablement connus, pour que nous trouvions dans
le compte rendu officiel du *Moniteur* ces paroles, suivies
immédiatement de la mention : *Approbation sur plusieurs
bancs.*

X.

Pourquoi donc ce *refoulement des Européens* ? Pourquoi
ne pas laisser s'opérer entre les deux peuples un mélange
qui ne peut qu'être profitable à tous deux et surtout aux indigènes ? Nous avouons ne pas réussir à comprendre la raison
de ces entraves. Nous avons toujours cru et nous croyons

encore que l'exemple des colons, leur voisinage immédiat, seraient d'une grande utilité pour les cultivateurs arabes, et que les facilités données à l'extension des relations commerciales contribueraient à fusionner et assimiler la race conquise mieux que tout le reste. — Si nous nous sommes trompé, qu'on veuille bien nous dire par quel autre procédé on espère arriver à ce résultat. Jusque là nous continuerons à penser, que pour imiter les Français, il faut que les Arabes en voient au moins quelques-uns. On ne peut pas copier une civilisation qu'on ignore : c'est là une de ces vérités élémentaires qu'on regrette d'avoir à démontrer.

Les hommes sincères qui ont cru le plus fermement autrefois à l'amélioration possible des indigènes sans le secours du mélange des deux races, ont abjuré publiquement cette erreur. C'est ainsi qu'un officier, honnête et consciencieux entre tous, le général Yusuf, s'exprimait de la façon suivante, il y a deux ans, devant le Conseil général d'Alger :

« De l'ensemble de ces observations, dit-il, nous avons
« pu conclure que le pays ne peut réellement prospérer que
« par le contact régulier et le frottement réciproque de l'élé-
« ment européen et de l'élément indigène. Ce contact, ce
« frottement, ces relations suivies et naturelles, ce rappro-
« chement, cette fusion d'intérêts auxquels nous devons ten-
« dre, nous ne pouvons plus sûrement les obtenir que par la
« liberté la plus complète des relations de commerce, *déjà*
« *obtenue d'ailleurs* (!), et qui doit être complétée par la li-
« berté des transactions immobilières, par le libre essor à
« donner à l'initiative privée, malgré les dangers aujourd'hui
« peu graves que peut présenter la spéculation avide et
« déshonnête.

« Je ne fais aucun effort pour reconnaître la modification
« radicale qu'ont subie mes idées, parce que, si j'ai défendu
« naguère la doctrine contraire, et je le regrette, c'était avec
« la conviction que je servais les intérêts du pays. »

Après avoir enregistré cette noble déclaration, ne convient-il pas de rappeler que le maréchal Bugeaud disait, il y a plus de vingt ans, que « ne pas coloniser l'Algérie après l'avoir « conquise, c'était se préparer pour l'avenir les plus graves « échecs. » ? Or, comment veut-on que les colons affluent dans ce pays, où ils ne trouvent plus cet aimant qui les attire invinciblement ailleurs, je veux dire : la liberté ? Et comment espère-t-on, sans colons, sans autre contre-poids que l'armée, pouvoir garder l'Algérie ?

— Mais, nous dit-on, la colonisation en Algérie ne réussit point. Nous n'avons que faire de poursuivre une chimère à grand renfort de subventions.

— Il ne s'agit point d'argent, rassurez-vous. Donnez à l'Algérie de bonnes institutions, faites pour elle des lois sages et libérales, et les colons viendront. Aujourd'hui, les colons ne vous demandent plus de leur donner des terres, ils réclament seulement *la permission d'en acheter* ; car il faut bien qu'on sache en France que les dix-neuf vingtièmes du territoire arabe étant possédés en commun par les tribus, et les transactions territoriales avec celles-ci étant interdites aux Européens, il n'y a point de terres disponibles pour l'immigration. Donnez donc aux colons avec cette liberté, toutes les libertés qui leurs manquent, et ils recevront les cadeaux de ce genre avec plus de reconnaissance que si vous leur prodiguiez des millions.

Croyez d'ailleurs qu'il importe beaucoup aux indigènes qu'on laisse se fixer en Algérie une population européenne suffisante pour les civiliser, et les amener progressivement à cette assimilation que nous désirons tous. Soyez surtout convaincus qu'il n'existe pas le moindre antagonisme entre l'intérêt de l'indigène et l'intérêt du colon. La masse des populations arabes, les pauvres serfs, les misérables fellahs algériens, ont un immense avantage à nous voir détruire l'organisation féodale vicieuse, l'état de choses barbare qui nous ont été légués par les Turcs. Les colons de leur côté, veulent non moins ardemment que l'Algérie devienne un pays de droit commun et de liberté, une contrée semblable à toutes les autres, et régie dans sa totalité par des lois autres que les lois d'exception.

Le colon et l'arabe ont donc les mêmes désirs et les mêmes intérêts ; et nous ne craignons pas de dire que c'est commettre une mauvaise action que de faire supposer entre eux un antagonisme qui n'a jamais existé, qui ne peut pas exister.

XI.

Mais il est en Algérie quelques indigènes qui veulent le maintien des institutions turques, et qui s'opposent énergiquement à tous les efforts tentés par les honnêtes gens pour jeter à terre cette antique machine vermoulue et pourrie. Ces indigènes sont ceux, en très petit nombre d'ailleurs, qui profitent de l'état de choses actuel, et qui tondent la laine des misérables troupeaux humains qu'ils sont chargés de faire paître. On devine que nous voulons parler de ce qu'on appelle pompeusement : *l'aristocratie arabe.*

L'aristocratie arabe ne ressemble guère aux aristocraties de notre Europe. Ainsi que l'a fort bien dit M. le général Daumas, il n'existe en Algérie qu'une seule noblesse vraiment héréditaire, celle des *cheurfâ* (chérifs) qui descendent ou prétendent descendre en ligne directe de Fathma Zohra, fille de Mahomet et de Sidi Ali Thaleb, oncle du prophète.

« Les Indigènes montrent en général une grande déférence « pour les *cheurfâ*, mais ceux-ci jouissent de prérogatives « plutôt morales que matérielles, et leur influence ne doit « pas se mesurer sur les honneurs qu'on leur rend. » (*Général Daumas*).

Viennent ensuite les membres de la noblesse militaire et de la noblesse religieuse. Les premiers sont ceux que nous avons trouvé, lors de notre venue en Algérie, jouissant du pouvoir effectif sur les tribus, les pressurant à qui mieux mieux, mais malgré cela, peut-être même à cause de cela, craints et respectés par les Arabes qui leur étaient soumis. On pourrait appeler celle-ci, l'aristocratie *de fait* : c'est avec elle que nous avons à compter le plus directement et le plus sérieusement.

Reste l'aristocratie religieuse, autrement dit : les *marabouts*. Celle-là se modifie, se renouvelle, change de personnel tous les jours. Tel individu, riche ou pauvre, peu importe, froidement ambitieux, désireux d'acquérir la considération et la renommée, simule une grande piété, remplit avec une affectation que l'on remarque les moindres préceptes du Coran, ne boit jamais que de l'eau, ne mange pas de certains mets, ne fume ni chanvre ni tabac, apprend les livres saints par cœur, et se garde du moindre contact avec le chrétien. Voilà un homme vertueux, un saint, un marabout. Il n'a pas le pouvoir temporel, mais il acquière bientôt mieux que tout cela : un pouvoir spirituel semblable à celui qui appartenait à notre clergé au moyen-âge. Le jour où il croit l'occasion favorable, il peut, nouveau Pierre l'Ermite, appeler les tribus à la guerre sainte, et les pousser à la révolte contre nous. Après la mort de ce marabout, ses enfants jouissent d'une grande considération qui suit encore leur descendance pendant plusieurs générations, mais qui ne tarde pas à s'éparpiller en diminuant de plus en plus, si bien qu'il n'est peut-être pas un pauvre Arabe qui ne puisse nommer parmi ses ancêtres quelque marabout vénéré.

En somme, on voit qu'il n'existe pas en Algérie une de ces grandes organisations féodales, redoutables par leur masse et leur compacité, comme il s'en trouve encore dans certains pays. Les descendants ou pseudo-descendants du prophète n'ont pas le pouvoir effectif, les marabouts ne s'en emparent que par occasion, et ne le perpétuent pas dans leurs familles bien longtemps ; nous ne sommes donc en présence que de la noblesse d'épée, qui ne doit sa puissance — puissance très réelle d'ailleurs — qu'à des faits d'armes plus ou moins récents dont le souvenir peut très bien s'effacer. Il suffit d'ailleurs de consulter l'histoire, et l'on se convaincra qu'il a toujours été facile d'enlever leurs moyens d'action et leur influence aux noblesses militaires de tous les pays : pour tout conquérant, un pareil coup d'Etat ne présente aucun obstacle sérieux.

Nous disons que cela est facile, nous ajouterons que cela est nécessaire. En effet, nous ne possédons pas encore l'Algérie : ce sont réellement les chefs arabes qui la possèdent. Nous sommes campés dans cette contrée, nous en tirons quelque argent, grâce à notre occupation à main armée, mais les caïds, aghas, bach-aghas, administrent, règnent et gouvernent plus réellement que nous.

Ils ont entre les mains toute la surface cultivable du pays arabe. La propriété particulière (*melk*) étant à l'état d'exception, tout le territoire appartient indivis à des collections d'individus connues sous le nom de tribus. Chaque tribu est régie par un chef suprême, jouissant d'une autorité pour ainsi dire absolue, et qui partage chaque année les terres à chacun de ses subordonnés, suivant ses convenances particulières, ses amitiés ou d'après l'argent qu'il reçoit. On ne peut nier que cet homme n'ait ainsi entre les mains un moyen d'action extrêmement puissant sur ses administrés.

Mais on comprend que si une pareille situation est des plus avantageuses pour lui, elle est des plus fâcheuses pour le pauvre serf. Ce dernier souffre profondément d'un pareil état de choses, car il dépend « de son ventre, » c'est-à-dire de la terre qui lui est allouée en plus ou moins grande surface, et qui seule peut lui donner sa subsistance. Aussi se laisse-t-il rançonner avec une patience que nous ne pouvons nous empêcher de trouver très méritoire.

Ecoutons à cet égard les relations d'anciens chefs de bureaux arabes :

« On demande des cavaliers pour les goums, les courses :
« le chef s'adresse à un grand nombre, et finit par forcer à
« l'accompagner ceux qui ne peuvent rien donner.

« Au printemps, il fait faire la récolte du beurre ; chaque
« tente donne une certaine quantité. Puis ce sont les laines,
» les grains, les dattes, les olives, ou les fruits, selon le pays,
« le bois, etc.

« L'autorité supérieure demande-t-elle une corvée de 200
« bêtes de somme, le chef de la tribu en demande 300, et en
« relâche ensuite 100 moyennant une contribution.

« Le chef fait des cadeaux, la tribu paie ; le chef fait bâ-
« tir, la tribu paie ; le chef reçoit des récompenses des Fran-
« çais, la tribu paie en signe de joie ; au contraire, est-il
« puni, la tribu paie en dédommagement ; le chef voit des
« enfants lui naître, la tribu paie les réjouissances ; il perd des
« membres de sa famille, la tribu paie les larmes ; le chef se
« met en route pour un voyage, le pèlerinage, par exemple,
« la tribu paie le départ, elle paie encore le retour. C'est
« toujours le même refrain à toute espèce d'incidents, bons
« ou mauvais, qui se produisent dans l'existence du chef. Je
« ne parle pas des cas où le fonctionnaire musulman aurait
« à poursuivre un délit qu'il consent à cacher moyennant
« finance.

« Panurge connaissait « soixante-et-troys manières d'a-
« voir de l'argent toujours à son besoing. » « Le sectateur
« de Mohamed est, je crois, encore plus fort ; la main sans
« cesse sur le pouls de sa tribu, pour sentir jusqu'à quel point
« il peut lui faire rendre gorge, il est passé maître dans l'art
« difficile de plumer la poule sans trop la faire crier. »

Ce sont ces *honnêtes gens* qui sont chargés de rendre la
justice et de percevoir les impôts ; on peut juger de quelle

manière ils s'en acquittent. M. le baron David a pris soin d'ailleurs de nous renseigner très exactement à ce sujet, et voici sa conclusion à laquelle nous adhérons de tous points :

« Messieurs, tant qu'il y aura des chefs indigènes qui s'in-
« terposeront entre nous et la masse de la population indi-
« gène, l'Algérie ne sera pas définitivement acquise à la
« France. La suppression des chefs indigènes n'est pas une
« mesure qui doive nous effrayer et nous faire hésiter. Les
« chefs indigènes et leurs clientèles ne forment pas en Algé-
« rie plus de 4,000 à 5,000 individus. J'ai prononcé le mot de
« clientèle, permettez-moi de vous dire quels sont les clients
« des chefs indigènes. Ce sont les cavaliers qui assistent les
« chefs indigènes pour la rentrée de l'impôt, pour le verse-
« ment des amendes, pour la levée des contingents, pour la
« police générale; enfin pour tous les actes du pouvoir exé-
« cutif. *Figurez-vous la société indigène, en sachant que*
« *ces cavaliers sont des* MALFAITEURS DE LA PIRE
« ESPÈCE ; *que pour faire partie de la clientèle d'un chef*
« *indigène, la meilleure recommandation, c'est d'*AVOIR
« ÉTÉ UN VOLEUR DE PROFESSION, C'EST D'AVOIR
« COUPÉ LES ROUTES. »

Ainsi, il est bien entendu que l'intérêt des indigènes, du *peuple arabe*, nous commande de supprimer ces « grands exacteurs, » de leur enlever un pouvoir dont ils font si mauvais usage. C'est pourquoi nous ne pouvons trop nous étonner de la conduite qui a toujours été tenue à leur égard. La plupart de nos actes tendent à leur faire supposer que que nous avons grand peur d'eux, et sont de nature à leur donner une confiance excessive en leur force.

Voici par exemple une proclamation publiée par le Maré-
chal Pélissier au début de l'insurrection, en avril de cette année ; avouons-nous, rien n'est plus imprudent qu'une pareille circulaire.

Le maréchal Pélissier, duc de Malakoff, Gouverneur gé-
néral, à la totalité des populations Arabes et Kabyles.

« Des troubles ont éclaté dans le Sud de la division d'O-
ran, et Si-Seliman, le bach-agha des Ouled Sidi Cheik, sor-
tant de la voie qu'ont honorablement suivie. Si Hamza, son
père, et Si Bou Beker, son frère, s'est fait le chef du mouve-
ment.

« Le commandant du cercle de Tiaret, qui, avec un détache-
ment d'infanterie et des goums, s'était porté à Aïn-Bou-
Beker, a été surpris par les insurgés. Une partie des goums
l'a abandonné, et cet officier supérieur a succombé avec le
peu de monde qu'il avait.

« Si-Seliman a été tué dès le commencement du combat,
mais son jeune frère, lui succédant, a, comme lui, appelé les
populations à la révolte.

« Plusieurs tribus du Sud ont répondu à son appel, et *des*
chefs, qui depuis longtemps marchaient sous le drapeau de
la France, se son mis à leur tête.

« Des troupes sont aujourd'hui en marche, et l'insurrection
sera bientôt comprimée. Il ne peut venir de l'idée de personne
que la France ne châtie pas une trahison et ne maintienne
pas son autorité là où elle est établie et où elle l'exerce avec
justice et bienveillance.

« Cependant ces évènements, les commentaires auxquels ils
donnent lieu peuvent jeter de l'inquiétude dans *l'esprit des*
chefs et des populations.

« Il est des gens qui répètent sans cesse que le *peuple Arabe*
doit cesser d'exister, et que le moment est proche où les
bach-aghas, aghas, caïds, cheiks, cadis et autres disparaîtront
complètement.

« Ces paroles sont sans portée; elles ne sont point l'expression de la pensée du gouvernement français.

« *Que les chefs indigènes se rassurent*, que les tribus restent calmes !

« Est-ce au moment où l'abondante récolte de l'année dernière, où l'espoir d'une récolte plus belle encore cette année, rendent à tout le monde le bien-être et la prospérité, qu'il faut, en recommençant des désordres, des insurrections, des guerres, s'exposer aux malheurs de toute sorte qui en sont la conséquence ?

« Si les populations, oublieuses du passé, n'avaient point confiance dans le présent, qu'elles relisent la lettre que l'Empereur m'a adressé lee 6 février 1863.

« Elles verront combien sont bienveillantes les intentions du gouvernement à leur égard ; elles trouveront un gage certain pour l'avenir dans ces paroles de Sa Majesté :

« Je suis aussi bien l'Empereur des Arabes que l'Empereur des Français.

« *Le Gouverneur général de l'Algerie,*

« Maréchal PELISSIER, duc de MALAKOFF. »

Nous avons tenu à reproduire cette proclamation en entier, parce qu'elle résume assez bien la politique que nous suivons en Algérie depuis la conquête. Cette politique consiste à maintenir l'état de choses turc ; à conserver l'organisation des tribus arabes en grands commandements laissé aux mains d'indigènes puissants par leurs relations de famille, ou renommés pour leur piété à superposer en quelque sorte notre domination à celle des grands chefs restant intermédiaires entre la population et nous.

Ce système a pu aider dans les premiers temps à la pacification plus rapide du pays, mais on ne saurait contester qu'il ne présente de très grands dangers aujourd'hui. En effet, ces mêmes hommes dont nous n'avons pas voulu détruire le pouvoir, auquel nous donnons au contraire l'appui de nos armes pour faire respecter leurs décisions, peuvent être entraînés pour un motif ou pour un autre à retourner contre nous les armes que nous leur laissons. C'est, en effet, ce qui arrive, et l'insurrection de 1864 en est la preuve concluante.

Il faut donc renoncer à suivre ces errements. On doit maintenant adopter une politique toute contraire, et dont on puisse espérer des résultats plus favorables. On doit s'appuyer sur le pauvre, et non sur le riche. Comme l'a dit avec grande raison, dans l'*Opinion nationale*, notre excellent ami, M. Andrieux, « il nous faut abaisser, neutraliser les grandes fa-
« milles, détruire les grands commandements, les grandes
« influences, les forces collectives... Notre seule ennemie en
« Algérie, c'est l'aristocratie. Dans tous les pays du monde
« l'aristocratie est la gardienne fondée et opiniâtre du dépôt
« des traditions et de l'esprit de résistance. Le peuple, au
« contraire, dominé par le besoin de vivre, par la loi impé-
« rieuse de l'intérêt matériel, se résigne assez facilement aux
« nouvelles formes, aux nouveaux maîtres politiques, pourvu
« que ceux-ci lui laissent la liberté de vivre, et lui apportent
« un accroissement de sécurité et de bien-être (1) ».

La route à suivre est donc toute tracée. Elle est, de plus, facile à suivre, et nous pouvons indiquer en quelques mots les réformes urgentes réclamées depuis longtemps, qui amèneraient certainement une pacification définitive par l'émancipation du serf indigène et son assimilation rapide avec nous.

Il nous faut :

Partager la terre entre tous les Arabes *individuellement*.

Confier l'assiette et la perception de l'impôt aux employés du ministère des finances, ainsi que cela se fait en France.

Rendre les indigènes justiciables des tribunaux français et supprimer la magistrature arabe, vénale au delà de tout ce qu'on peut imaginer.

---

(1) *Opinion nationale*, 27 avril 1864.

Supprimer tous les grands commandements, ôter leur pouvoir à tous les chefs, désorganiser la tribu, et constituer la commune indigène par petits groupes d'individus, s'administrant eux-mêmes.

Tout ce que nous proposons là n'est pas nouveau, les Arabes s'y attendent depuis longtemps, et plusieurs d'entre eux, parmi les plus intelligents, le réclament avec instance. La constitution de la propriété individuelle a été demandée cent fois et, grâce à Dieu, elle a été promise en principe ; mais quand se fera-t-elle ? Quand sera-t-elle achevée ? On a vu plus haut qu'en un an on ne l'avait encore effectuée que sur le territoire d'*une tribu*. Cela donne peu d'espérances pour l'avenir.

Pour ce qui est de la perception de l'impôt, le gouvernement veut attendre, pour faire ce que nous demandons, qu'on ait établi l'impôt foncier, et il pense que jusqu'à ce que la constitution individuelle de la propriété soit faite, il faut se contenter de déplorer les abus actuels — abus qu'il ne conteste pas d'ailleurs. Nous croyons au contraire qu'il vaudrait beaucoup mieux réprimer ces abus de suite, chose très facile du reste.

Quant à la justice française, les Arabes la recherchent de plus en plus chaque année : le Sénat discutait, il y a peu de temps encore, une pétition adressée par des indigènes qui la réclament à grands cris.

Restent donc la désorganisation de la tribu, la suppression des commandements indigènes, et la constitution de la commune arabe.

La commune existe établie à un degré étonnant de perfection chez les Kabyles : pourquoi les Arabes proprement dits n'accepteraient-ils pas volontiers le même mode d'administration, lorsqu'on l'établirait d'une façon libérale et sage, tout comme chez leurs voisins de la montagne ? Par ce fait même, la tribu serait déjà désorganisée, et elle n'existerait plus d'aucune façon du jour où l'on enlèverait aux chefs ce pouvoir que beaucoup d'entre eux tiennent de nous.

Car il faut bien qu'on sache que nous pouvons suspendre, destituer, emprisonner, exiler les grands vassaux arabes sans que leurs sujets s'émeuvent par trop. Pour 1861 et 1862 par exemple, années de parfaite tranquillité, sur 8 aghas, un a été destitué, 67 caïds ont été également destitués, 66 cheiks destitués, et il en est de même tous les ans. Il serait donc aisé de supprimer ces emplois sans avoir à craindre de rébellions de la part des administrés.

Mais on nous dit alors ceci, à quoi nous ne savons trop comment répondre : « Si vous réduisez à néant les grands « vassaux algériens, que deviendront les bureaux arabes ? « Nierez-vous que leur existence soit intimement liée à celle « de ces chefs, et qu'ils doivent disparaître ensemble ?

Nous ne nierons pas cela : ce serait insulter à l'évidence. Nous savons que le système actuel est tout d'une pièce et qu'il est impossible de toucher à l'une de ses parties sans faire crouler le reste, mais, lors même que la suppression des chefs indigènes devrait entraîner celle des bureaux arabes, nous voudrions encore à ce prix voir l'Algérie prospère et tranquille.

Les bureaux arabes sont d'ailleurs appréciés de façons bien diverses. Aussi pour éclairer la religion du lecteur, devons-nous lui faire entendre la voix des deux parties. Voici ce que disent sur leur compte les rapports officiels :

« Sous l'influence des bureaux arabes, nous sommes allés « jusqu'au Sahara, Abd el Kader a été vaincu, les chefs « indigènes ont été créés, les tribus ennemies ont été sou- « mises. On a créé des archives historiques et statistiques, « des approvisionnements de grains, une responsabilité im- « posée aux tribus pour les crimes commis sur leurs terri- « toires. Des mesures ont été prises contre l'émigration. »

D'autre part, Me Dieuzaide, défenseur du caïd Bel Kheir

dans le procès Doineau (1) pense de toute autre façon. Nous citons textuellement le compte-rendu du procès :

« ...... M⁰ Dieuzaide croit utile de revenir sur une question
« qui n'a pas été traitée complètement par les éloquents
« orateurs qui l'ont précédé. Etrangers au pays, ils n'ont pu,
« en connaissance de cause, approfondir cette grave question
« qui domine le procès, et en est en quelque sorte la clef,
« l'institution des bureaux arabes, leur influence, leur action,
« la politique dont ils sont l'expression. D'abord les bureaux
« arabes ont-ils une existence légale, une constitution, une
« règle d'action ? Quoiqu'on ait dit, leur puissance n'est
« qu'un fait sans base légale ; ils chercheront vainement une
« disposition, ayant force de loi, qui définisse leurs pouvoirs,
« qui détermine leurs fonctions. Leur organisation n'a jamais
« été qu'un expédient né de prétendues nécessités, et qui n'a
« jamais produit rien d'utile. Ce n'est pas même une création
« nouvelle et qui vienne de nous ; c'est tout simplement la
« restauration du gouvernement turc avec tous ses vices ;
« c'est le système barbaresque renversé par la conquête.
« Des caïds, des aghas administrant, gouvernant, pressurant
« les tribus, et au-dessus d'eux, un officier français, avec
« cette différence pourtant que les chefs indigènes ne jouissent
« plus d'une sorte d'indépendance relative ; les plus puissants
« doivent venir chaque jour prendre le mot d'ordre d'un
« simple officier, souvent d'un lieutenant à peine sorti de
« l'école, qui voit se courber devant lui ces hommes fiers de
« leur naissance et de leurs richesses. »

Nous laissons le lecteur choisir entre ces deux apréciations si diverses celle qui lui conviendra davantage. Notre opinion

---

(1) On sait que le capitaine Doineau, dégradé de l'ordre de la Légion-d'Honneur, et condamné à mort pour crime d'assassinat, en 1857, a été mis en liberté par suite de commutations de peines et grâces successives. L'auteur de ces lignes *a eu l'honneur* de le rencontrer dans le camp espagnol, à Tétuan (Maroc), au commencement de l'année 1860: le capitaine Doineau remplissait là les fonctions d'interprète de l'armée, sa croix d'honneur à la boutonnière.

PAUL BLANC.

personnelle aurait peu de poids dans le débat, et il vaut mieux que chacun se forme un avis par soi-même.

Quoiqu'il en soit, beaucoup de gens s'accordent à penser avec nous que les bureaux arabes, s'ils ont pu être utiles à certaine époque, n'ont plus de raison d'être aujourd'hui, et que leur suppression devient chaque jour de plus en plus urgente.

Bon gré, mal gré, on est amené sans parti pris à raisonner comme il suit :

Pour avoir une Algérie tranquille et prospère, il faut nous assimiler les Arabes.

Pour nous assimiler les Arabes, il faut leur donner nos institutions.

Pour leur donner nos institutions, il faut supprimer les chefs indigènes.

Et enfin, par la suppression des chefs indigènes, les bureaux arabes devenant inutiles, il faut renoncer aux uns comme aux autres.

FIN.

Alger. — Imprimerie de l'*Akhbar*, J. BREUCQ, gérant.

www.ingramcontent.com/pod-product-compliance
Lightning Source LLC
LaVergne TN
LVHW022127080426
835511LV00007B/1059